AF285419

Besonderer Dank gilt "Ugur Uslu", sowie "Arthur Schopenhauer", der eine brachte mich auf meinen persönlichen Lebensweg, der andere wurde zu einem meiner besten Lehrer und zu einem für mich sehr guten Freund. Ohne euch beide hätte mein eigenes Vermächtnis wohl zu keinerlei Umstände jemals so in dieser Form tatsächlich entstehen können. Ich habe euch so unglaublich vieles zu verdanken, was sich kaum in Worte fassen lässt und somit danke ich euch von Herzen.

-Dennis

"Jedes Buch gleicht einem Gedanken,
welcher sich selbst versucht zum
Ausdruck zu bringen."

Dennis Hans Ladener

Verbum et Scriptura

-Das Wort und die Schrift-

Freidenker

1. Auflage
© 2022 Dennis Hans Ladener
(dladener@googlemail.com)

Herstellung und Verlag: BoD – Books on Demand,
Norderstedt.

ISBN: 9783756219346

Dennis Hans Ladener

Der am 11.05.1990 in Köln geborene Freigeist, Dennis Hans Ladener, ist ein junger aufstrebender deutscher **Philosoph, Freidenker, sowie System- und Gesellschaftskritiker,** welcher sich seinen Weg hin zu der hohen Kunst des Denkens, beginnend  als einfacher Wachmann, unaufhaltsam gleich einem Bulldozer immer weiter konsequent geebnet hat.

Rund drei Dutzend internationale Veröffentlichungen gehen seit dem Beginn seiner Laufbahn als Philosoph Anfang des Jahres 2011 auf sein Konto.

„**Mit 21 Jahren** verliebte ich mich endgültig in die Philosophie und schließlich auch in die Gedankenwelt **Arthur Schopenhauers…**

Es war ein langer, einsamer, sowie steiniger Weg, doch bereut habe ich es nie ihn tatsächlich gegangen zu sein!"

Sein persönlicher Antrieb liegt darin verborgen, äußerst komplexe und nur schwer zu verstehende philosophische, sowie Gesellschafts / Systemkritische Themen so simpel und anschaulich wie möglich, der breiten Bevölkerung zugänglich zu machen.

In der Tat, kein leichtes Unterfangen...
Doch eines, welches sich definitiv lohnt!

Inhaltsangabe

"Existenz kann keinen Anfang haben,
sonst gäbe es Nichts. Alles Seiende
kommt aus dem Sein selbst!"

Vorwort

Nachdem ich mich mit der
"Höheren Erkenntnis/ (New Edition)",
dem **"Handbuch der Welt"**, sowie meiner
"Datenwelt Theorie 2.0" bereits in der
Vergangenheit schon ausgiebig genug
philosophisch austoben konnte und ich
mich in den letzten Jahren stattdessen
lieber vermehrt mit dem Feld der
"Gesellschafts- bzw. Systemkritik"
beschäftigt hatte, wurde es nun doch so
langsam wieder einmal Zeit dafür, mich
"dem Erklärungsversuch der Existenz
selbst zu widmen".

Während ich bis dato jedoch entweder
mit der **"Alles-ist-Gott-Theorie"** oder
der **"Simulationstheorie"** argumentiert
habe, wollte ich dieses Mal einen doch
etwas anderen Weg einschlagen.
Dadurch, das ich mich selbst jedoch
bereits schon so lange Zeit der
Philosophie **Arthur Schopenhauers**

gegenüber verbunden sehe, wird auch dieses kleine Werk hier, genauso wie all meine anderen philosophischen Konzepte, in seinem Kern stets einen Anteil der Gedanken Schopenhauers beinhalten.

Ich empfehle also jedem, wer sich selbst dazu imstande sieht Schopenhauers Denken tatsächlich verstehen zu können auch Schopenhauer zu lesen, alle anderen jedoch, derer dazu nicht in der Lage zu sein scheinen, müssen dann nun einmal mit mir vorlieb nehmen. ;)

Einleitung

Ich habe es schon immer äußerst geliebt mir die verrücktesten Gedanken über uns selbst und unsere Welt zu machen in welcher wir leben.

Woher kommen wir?
Wohin gehen wir?
Was ist unsere Bestimmung?

Jedoch konnte ich mich dabei noch nie mit dem Konzept eines, auf mich doch recht "klischeehaft" erscheinenden Gottesbildes anfreunden, **welches wohl von einer Art allmächtigen, sowie alles bewusst kontrollierenden männlichen Gottheit samt langem weißem Bart, weißem Gewand und goldenem Stab in der Hand ausgeht,** welcher ganz sicherlich irgendwo in seinem Himmelreich auf seinem eigenen schimmernden Thron sitzt und gemeinsam mit seinen zahlreichen

Engeln schützend über uns alle gemeinschaftlich wacht.

Auch mit der klassischen Idee von **"Himmel und Hölle"** oder dem generellen Glauben an eine solch simple **"Gut/Böse"-Bewertung** unserer Taten zu unserer Lebzeit kann ich mich bis heute noch immer nur äußerst schwerlich anfreunden.

Ich persönlich bin vielmehr der Meinung, das es auch noch auf andere Art und Weise genügend alternative Möglichkeiten der Erklärung unserer Welt und unseres Daseins gibt, und es daher doch wirklich ausgesprochen schade wäre, sich auf ewig ausschließlich "dem Klassiker aller Erklärungsversuche hinzugeben", wenn doch noch das Potential für so viel mehr besteht!

Die erste Instanz allen seins

Sogleich ich am Morgen aus meinem tiefen Schlaf erwache, offenbart sich mir eine zauberhaft anmutende facettenreiche Welt, schier unvorstellbarer Ausmaße und Möglichkeiten.

Unser wunderschöner Planet mitsamt seiner umfangreichen Flora und Fauna, ein schier unendlich und komplex erscheinendes prall gefülltes Universum, welches uns von allen Seiten gleichermaßen zu umgeben scheint und wir mittendrin, Milliarden an unterschiedlichen gefühlsfähigen Lebewesen, welche dazu imstande sind "sich ihrer selbst bewusst zu sein".

**Es ist wohl ein Wunder,
nein das Wunder schlechthin,
"die Existenz des Dasein".**

Doch worin könnte ein möglicher Grund dafür verborgen liegen, das überhaupt etwas existiert und nicht einfach nur "das Nichts", wo genau befindet sich der Ursprung all dessen, welches uns tagtäglich umgibt und sicherlich von den meisten Menschen der "modernen Welt" bereits allzu bereitwillig als vollkommen selbstverständlich gegeben angesehen wird?

Ich frage mich, ob es für einen Menschen überhaupt möglich erscheint, sich einen Zeitpunkt vorstellen zu können, wo es einmal nichts Weiteres gab als reines "Nichts", kein "Raum und keine Zeit", weder "Ursache noch Wirkung", **ein Zustand der buchstäblich vollkommenen Nichtexistenz also,** wo die uns bekannten Gesetze der Physik ihre Gültigkeit und somit auch ihre Bedeutung verlieren?

Eventuell betrachte ich es aber auch so herum bereits schon vollkommen falsch und **"das Nichts selbst"** beherbergt bereits schon wieder ein eigenständiges **Potential** für **"Etwas"**.

Es erscheint mir folglich als sehr wohl möglich und wahrscheinlich, das so etwas wie eine erste vollkommen natürlich gegebene "Regel" existiert, das -ursprünglichste und mächtigste- "Naturgesetz" überhaupt, wenn man so möchte, ein Gesetz, welches allen anderen Dingen "unangefochten übergeordnet" ist und aus dessen beständiger Wirksamkeit heraus überhaupt erst alles weitere entspringen, entstehen und bestehen kann!

Die Frage "nach dem Anfang von allem" ist deshalb so irreführend, weil wir aus unserer gewohnten Perspektive heraus stets der Annahme verfallen sind, dass jeglicher Wirkung eine vorherige Ursache vorausgegangen sein muss.

Gab es einen Anfang von allem, muss nach dieser Logik heraus also etwas diesen Anfang zuvor ausgelöst haben, ist dem jedoch tatsächlich so gegeben, wäre dies ein einziger gewaltiger Wiederspruch in sich, **da ja dementsprechend bereits schon vor "der Existenz selbst" etwas anderes existiert haben muss!**

Ich persönlich muss also dementsprechend davon ausgehen, **das 1.** die Wirksamkeit dieses ersten Naturgesetzes bereits schon immer "ohne jeglichen Anbeginn oder Auslöser" gültig war, **und 2.** die wohl hauptsächliche Wirksamkeit des Gesetzes darin besteht, **das stets ein fundamentales Potential für "Etwas" zur Verfügung stehen muss.**

Dieses Potential wiederum könnte wohl am ehesten mit einer **"mystisch-kreativwirkenden Kraft"** beschrieben werden, einem **"schöpferischen Prinzip"**, wenn man so will, welches gleich einem **"Reflex"** oder einem **"beständigen Pulsieren"** die absolute Grundlage dafür bildet, das sich innerhalb des Nichts die Existenz des Daseins **"aus sich selbst heraus"**

hervorbringen kann, oder einfacher
gesagt:

**"Sie sorgt dafür,
dass es <u>niemals</u> "Nichts" gibt!"**

**Unser gesamtes Universum und alles
(Un-)Vorstellbare darin oder darüber
hinaus** ist nun eben jenes Ergebnis
bzw. **"der Ausdruck"** dieser absoluten
Gesetzmäßigkeit, das cs "das Nichts
in seiner reinsten Form" zu keiner
erdenklichen Gegebenheit jemals
tatsächlich geben kann und geben darf!

Vergleicht man dieses Konzept nun
beispielsweise mit der durchaus
etablierten **These des Urknalls**, so
kommt diese nach meinem Empfinden
zu vergleichbaren Ergebnissen:

In den 1920er Jahren stellten
Astronomen, wie unter anderem
-Edwin Hubble-, durch ihre intensiven
Beobachtungen fest, das sich alle

Galaxien tendenziell immer weiter von uns weg zu bewegen scheinen.

Dieses Expandieren (ausdehnen) des Universums lässt sich wahrscheinlich am leichtesten anhand eines Luftballons veranschaulichen:

"Malt man mit einem Filzstift mehrere kleine Kreise auf einen Ballon und bläst diesen dann im Anschluss darauf immer weiter auf, entfernt sich nun jeder einzelne Kreis immer weiter von jedem anderen."

Vor dieser besagten Ausdehnung (Expansion) musste die gesamte Materie/Energie des Seins somit folglich im Umkehrschluss einmal unglaublich stark auf nur einen einzigen Ort konzentriert gewesen sein, **"der Geburtsort unserer bekannten Welt!"**

Diese "komprimierte Energie" (Urkeim) dehnte sich schließlich vor ungefähr

13,8 Milliarden Jahren schlagartig mit unvorstellbarer Geschwindigkeit innerhalb weniger als einem Milliardstel einer Quadrillionstel Sekunde "exponentiell" aus **und schuf dadurch vermutlich nicht nur die "Raumzeit" selbst, sondern auch noch jegliche "Grundkräfte der Physik", sowie jegliche Materie.**

Die Größe des Universums nahm dabei augenblicklich bereits um einen Faktor von "10 hoch 30 bis 10 hoch 100" zu!

Eine für mich daraus entstehende Vermutung von enormer Wichtigkeit ist, das wir somit sehr wahrscheinlich innerhalb eines **"zyklischen Dasein"** existieren, der sogenannte Urknall wäre somit nicht unbedingt der eigentliche Entstehungspunkt "von allem was ist", sondern vielmehr "eine Übergangsphase hinüber von dem einen in einen andere Zustand der Existenz"!

Eventuell so, als würde sich ein kosmisches Gummiband bis zu einem bestimmten Punkt mit aller Gewalt ausdehnen, nur um sich daraufhin sogleich schlagartig wieder in sich zusammen zu ziehen und dann wieder aufs neu auszudehnen.∞

Selbst wenn ich mit dieser These falsch liegen sollte und sich unser Universum stattdessen einfach immer weiter ausdehnt, wird einst, wenn der letzte Stern im Kosmos "unserer bekannten Version der Welt" bereits schon lange erloschen ist, auch alle noch restlich verbliebenen "schwarzen Löcher" *(Nahezu jede Galaxie enthält in ihrem Zentrum ein großes Schwarzes Loch mit der millionen- oder gar milliarden-fachen Masse unserer Sonne.)* stetig kleiner und kleiner werden, bis auch sie schließlich plötzlich verschwunden sind.

"Das eigentliche Potential für Existenz" bliebe jedoch allein schon aufgrund "der Gesetzmäßigkeit" weiterhin wie gehabt erhalten, daran könnte auch kein

"Supermassereiches Schwarzes Loch"
jemals tatsächlich etwas dran verändern!

Wobei ich nach meiner persönlichen Wahrnehmung heraus sowieso sagen muss, dass ich für meinen Teil nicht die Meinung vertreten kann, das ausnahmslos alles von einem schwarzen Loch verschlungene auch tatsächlich vollkommen "verschwunden" bleibt.

Man muss wohl eher davon ausgehen, das jeglicher vorhandener "Informationsgehalt" der Materie zunächst abgespeichert und für einen später neu eintretenden Zyklus "recycelt" wird! ∞

Die Existenz des Daseins wäre somit eine sich ewige wiederholende Abfolge von **"Entstehen, Zerstören und Wiedererstehen"...! ∞**

Doch wozu das alles?

Die Welt dient der Selbstanschauung des Einen!

Durch ein scheinbar natürlich gegebenes Gesetz, welches verhindert, das ein Zustand der vollkommenen "Nichtexistenz", jemals tatsächlich gegeben sein kann, **muss die Existenz sich schließlich unausweichlich mit sich selbst befassen...**

"Das Dasein, die Existenz" ist somit ungefragt dazu auserkoren worden, ein doch wohl recht undankbares Schicksal als über alle Zeiten hinaus unsterblich verfluchter Held führen zu müssen, **"indem es auf ewig dazu herhalten muss", seinen finsteren Gegenspieler "das Nichts" in Schach zu halten.**

„Sein oder Nichtsein"

Um dies alles etwas erträglicher zu gestalten scheint es mir schon fast so,

als würde die Existenz lediglich
versuchen, einfach das Beste aus der
ihrer auferlegten Situation zu schöpfen,
indem sie ihr eigenes Dasein dazu nutzt
**"sich stets ein Stück weit mehr mit sich
selbst zu befassen und dadurch zu
entwickeln".**

**Was will man auch ansonsten schon
großartig anderes machen, "außer mit sich
selbst zu spielen",** wenn schließlich
abgesehen von dem eigenen Wesen
überhaupt nichts Weiteres existiert mit
dem man ansonsten anderweitig
irgendwie interagieren könnte...?

**Somit musste "Es"
(die Existenz des Daseins)
sich also ein vollkommen
eigenes Gefilde bilden!**

Denn selbst wenn das Dasein vielleicht
einmal so etwas Vergleichbares wie das
Gefühl von Angst verspürt haben sollte,
weil es vollkommen alleine war, **wurde es
sich sicherlich dessen gewahr, das es wohl**

**gerade deshalb überhaupt keine
tatsächliche Angst zu haben brauchte,**
schließlich gab es ja nichts Weiteres
außer seiner eigenen Existenz...

Werden Kohlenstoffatome beispielsweise
auf eine bestimmte Art angeordnet,
ergeben sie letztlich ein Stück Kohle auf
eine andere Weise einen Diamanten,
gestalten wir das ganze nun noch ein
wenig komplexer und fügen weitere
Atome hinzu, entsteht daraus ein Apfel,
eine weitere Veränderung der
Anordnung und wir haben ein ganzen
Apfelbaum, "die Atome sind jedoch stets
die gleichen, lediglich ihr
Informationsgehalt ändert sich".

„**Das ganze Universum besteht
grundsätzlich aus den gleichen
identischen Grundbausteinen, welchen es
zunächst einmal vollkommen egal ist, ob
sie einen Hund, eine Katze, eine Pflanze
oder einen Stein bilden!**"

Ich empfinde es daher als einen durchaus plausiblen Gedankengang, das gesamte Universum inklusive Dir und Mir, in seiner Gesamtheit **"als einen einzigen in sich geschlossenen Ausdruck einer mystischen schöpferischen Kraft anzusehen",** in welchem sowohl das kleinste, als auch das größte "gleichermaßen" vollwertig Zusammenhängt, da alles auf einer tieferen Ebene eine Einheit bildet.

Jegliche von uns vermeintlich wahrgenommene Getrenntheit auf uns selbst und unsere Umwelt bezogen, muss somit wohl bei genauerer Betrachtung, **als "hartnäckige illusorische Täuschung" -enttäuscht- werden,** welche überhaupt nur deshalb besteht, weil "das eine Dasein" **aufgespalten** innerhalb seiner zahlreichen Variantenreichen **"Manifestationen",** den instinktiven Bezug zu seiner eigentlichen allumfassenden Einheit abhandengekommen ist!

Schauen wir am Morgen in unser Spiegelbild, sehen wir lediglich unser menschliches Selbst, "unsere Hülle", doch schaut ein Erwachter aus dem Fenster in die weite Welt hinaus, sieht er, ganz egal wohin auch immer sein Blick auch wandern mag, all das, was wir noch über unsere Menschlichkeit hinaus sind, **"das Dasein selbst".**

Es ist daher ein Irrglaube der Annahme zu erliegen, man selbst sei etwas vollkommen grundverschiedenes oder eigenständiges als das, was uns alle umgibt, ganz im Gegenteil sogar gibt es dort keinerlei tatsächlichen Unterschied, es erscheint uns lediglich so!

"Das Versteckspiel der Existenz mit sich selbst vor sich selbst ist der Ursprung aller Wesen Täuschung"!

Doch wie sollte es auch anders Sein, schließlich nehme ich als "wahrnehmender Mensch" meine

Umgebung genauso wie alle anderen
wahrnehmenden Lebewesen niemals
so wahr, wie sie tatsächlich geschaffen ist,
sondern lediglich so, wie sie mir aufgrund
der jeweiligen Konstruktion, sowie
Beschaffenheit meiner Sinne und
meines Verstandes ermöglicht ist
diese wahrzunehmen!

Somit nimmt jedes einzelne, noch so
vermeintlich unbedeutende Lebewesen,
trotz der gleichen Umgebung dennoch
seine ganz eigene "individuelle und
persönliche" -Vorstellung- von einer
Realität wahr, "aber niemals das, was sie
über diese Vorstellung hinaus tatsächlich
ist..."

-Ein und dasselbe identische Wesen!-

Die Existenz verwischt somit die Spuren
ihrer selbst vor sich selbst bereits schon
in dem Augenblick, wo sie eine zur
sinnlichen Wahrnehmung fähige Gestalt
annimmt!

Doch es scheint lediglich so, als wären meine Umwelt und ich grundlegend verschieden, weil ich weder sie, noch mich selbst, so wahrnehme wie wir tatsächlich sind und somit blind für unser gemeinsames Wesen werde.

Innerhalb der gesamten Natur lassen sich nun mehr als genügend solcher Anzeichen für diese besagte Blindheit des Seins bezüglich seines eigenen Wesens erkennen...

Jede Lebensform kann ausschließlich dadurch selbst weiter bestehen, indem sie eine andere entweder "verdrängt oder verzehrt"∞, die Natur gleicht somit (trotz aller erhabenen Schönheit) einem nie enden wollenden grauenvollen tagtäglichem **-Schlachtfeld-** (Versuchsfeld), **"aller gegen jeden"** und brachte wohl auch genau deshalb solch einen kreativen Variantenreichtum an unterschiedlicher Waffen und anderweitiger nützlicher Werkzeuge bzw.

Anpassungsmöglichkeiten der unzähligen Lebewesen hervor.

Eine ernüchternde Tatsache, welche wieder vollkommen plausibel erscheint, sobald man sich vor Augen hält, das sich das Dasein stets aus sich selbst heraus **"hervorbringen und erhalten" muss!** ∞

"Der Löwe weiß nichts von der wahren Natur der Dinge während er einer Gazelle die Kehle durchbeißt", er begreift nicht, das er und sein Opfer "ein und das selbe identische Wesen sind, lediglich in einer unterschiedlichen Erscheinungs- form", allerdings braucht es dies auch nicht, **"da sich das Dasein sowieso sowohl als Mörder, als auch Opfer, perspektivisch zugleich erfährt!"**

Außer der Existenz selbst gibt es kein anderes Dasein und so wie es aussieht, "ist dessen Wesen zwar an sich unzerstörbar, aber keinesfalls unendlich", denn wäre dem so gegeben, dann müsste wohl kein Lebewesen jemals sterben,

schlafen oder Nahrung bzw. Wasser zu
sich nehmen und kein einziger Stern
würde jemals erlöschen!

**Dadurch, das die Existenz sich jedoch
nur "endlich" entfalten zu können scheint,**
ist sie gleich einer Schlange, welche
versucht, ihren eigenen Schwanz zu
verschlingen **("Ouroboros"),** dazu
verdammt, sich selbst als
-ewige Quelle der eigenen Nahrung-
zu dienen, ganz gleich auf welche Art
und Weise. ∞

Die Doppelnatur
des Menschen

Dadurch, das der Mensch, genau wie alle anderen wahrnehmenden Subjekte, niemals dazu imstande ist, **"das mit ihm identische Wesen seiner Umwelt"** mal eben so leichtfertig durchschauen zu können, ist auch er zunächst einmal darauf beschränkt, diese hartnäckige Täuschung tatsächlich für das einzig Wahre zu halten.

Anders als das Tier, sind wir Menschen jedoch mit einzigartigen Fähigkeiten ausgestattet, immer wieder **einen Blick weit mehr hinter die Kulissen der Bühne des Daseins erhaschen zu können,** indem wir es wagen, den Vorhang der Täuschung ein Stück weit anzuheben.

"Damit dies jedoch überhaupt gelingt, müssen wir unseren eigenen Blick zunächst einmal auf **die Innenseite unseres Selbst richten!"**

Obwohl unser eigener Körper im Grunde zwar nur eine von schier unendlich vielen möglichen Verkörperungen der identischen Existenz darstellt und dieser uns somit genauso wie der Rest des Daseins lediglich als **"interpretierte Vorstellung unseres Verstandes"** offenbart wird, ist er dennoch "das einzige Objekt unter allen Erscheinungsformen der Existenz", zu welchem wir dank unserer **"Doppelnatur"**, einen **-direkten innerlichen Zugang-** eingehen können!

Das besondere an uns Menschen liegt somit darin verborgen, das wir sowohl "Subjekt als auch Objekt zugleich sind". Was bedeutet, dass wir aufgrund unserer eigenen **-Bewusstwerdung-** dazu in der Lage sind, "unseren Blick auf unser eigenes innerliches Wesen zu richten" und dieses zu beobachten bzw. zu studieren.

Dadurch können wir, anders als bei

allen anderen Objekten unserer **Wahrnehmung,** erstmalig auch "hinter die Fassade der reinen Vorstellung" der Dinge schauen **und eine direkte Innenperspektive einnehmen!**

"Der Antrieb des Seins ist die Existenz selbst", somit verfolgt die Natur daraus schlussfolgernd überall nur einen hauptsächlichen Zweck, "Leben und Wohlbefinden zu erzeugen" und das möglichst lange und vollkommen.

All die vielfältigen Manifestationen an Geschöpfen dienen dem Dasein zeitgleich als vielfältige Möglichkeit seines eigenen Ausdrucks und seines Erfahrens. **"Der Mensch wiederum soll dies alles mit einem Selbstbewusstsein tun, was allen anderen Geschöpfen vollkommen ohne gelingt":**

Der Mensch soll das tun, was die Natur will, denn ihr Wollen ist schließlich zugleich auch "der Wille des Seins"

und somit natürlich auch unser Wille
als Mensch!

Genau eben jener Wille, "das Verlangen
nach mehr von allem" ist es, welcher den
Antrieb des Daseins auszumachen
scheint, **"der Existenz reicht es bei weitem
eben wohl doch nicht aus einfach nur zu
existieren"** -Nein, sie will tatsächlich
leben-, **"leben so wie Gott in Frankreich"**
und das nach Möglichkeit am liebsten
ohne jeglichen Unterlass!

-"Freude ohne Leid."-

Und genau das ist es, was wir auch
herausfinden, wenn wir unseren
wachsamen Blick nach innen gerichtet
halten, **"das Wollen"** in all seinen
erdenklichen Arten, Variationen und
Ausprägungen...

**Sowohl im Reich der Pflanzen, als auch
im Tierreich,** ist dieser "Willensdrang"
noch auf ein paar wesentliche
Grundbedürfnisse ausgelegt,

-existieren, überleben, vermehren-,
doch innerhalb des Menschen "als uns
höchste bekannte Form des Seins" reicht
dies der Existenz bei weitem nicht mehr
aus!

Der Mensch ist aufgrund seiner,
zumindest hier auf Erden, einzigartigen
Konstruktionsweise und den zahlreichen
Fähigkeiten seines Verstandes sowohl
gesegnet, als auch verflucht zugleich.
Denn gerade eben deshalb, weil wir uns
ja so sehr von dem Rest der gesamten
Natur unterscheiden leiden wir auch so
viel mehr als der Rest!

**Unser Wille hat sich schon längst
über das reine "Existieren, Erhalten
und Vermehren" hinaus entwickelt.
Der Mensch will von allem mehr, viel
mehr und das am liebsten sein Leben
lang.**

**"Doch gerade deswegen, weil wir so viel
wollen leiden wir überhaupt erst!"**

Jedes positive Gefühl nach der Befriedigung eines Bedürfnisses hält zumeist nur sehr kurzweilig an und wird früher oder später gleich wieder durch neu aufkommende Sehnsüchte und Wünsche abgelöst.

"Das menschliche Wollen" lässt sich niemals endgültig zufrieden stellen, "es gleicht einem Fass ohne Boden", welches uns dennoch tagtäglich davon versucht zu überzeugen, **das wir es um endlich glücklich sein zu können, doch lediglich bis zum Rand befüllen müssten...**

Der Tod als ein notwendiges Übel

Dadurch, dass das Wesen der Existenz zwar von Natur aus unzerstörbar, **"aber keinesfalls unendlich zu sein scheint"** und von einem ständigen Prozess "des Wandels" begleitet wird, lässt sich **"das Erneuern seiner Erscheinungen"** ohne den Faktor des Todes ab einen gewissen Punkt schlichtweg einfach überhaupt nicht mehr bewerkstelligen.∞

"Der Tod ist, genauso wie die anderen Übel, eine durch das Leben selbst generierte Schuld", denn ohne ihn gäbe es fortan überhaupt keine Möglichkeit der Erneuerung mehr und somit auch keine Entwicklung des Seins, alles bliebe somit auf ewig gleich! ∞

Ganz egal wie viele (endliche) Ressourcen dem Dasein auch immer zur Verfügung stehen, sollten ab einem gewissen Moment, ist logischerweise dennoch einfach Schluss mit Häuslebau, **ein Umstand, welcher sicherlich nicht nur mich als Kind beim Lego-Bau, bereits unglaublich arg frustriert hat, da ich, um an einem neuen Projekt effektiv arbeiten zu können, "zunächst einmal einen Teil der älteren Konstruktionen wieder zerlegen musste", damit schlussendlich "etwas Neues" daraus entstehen konnte.** ∞

Der Tod sollte also nicht unbedingt als eine endgültige Vernichtung aller Dinge angesehen werden, sondern vielmehr **"als Initiator für die Möglichkeit eines Wandels".**∞

"Das Dasein selbst", welches sich durch unsere Existenz lediglich "kurzweilig" aus der Perspektive eines sterblichen menschlichen Selbst erfährt, kann jedoch "an und für sich" überhaupt nicht tatsächlich vergehen und wird schließlich immer wieder neue Wege finden sich erneut selbst eine Gestalt zu verleihen.∞

Aus einer tiefgründigeren Sicht heraus betrachtet, sind wir doch allesamt "ein und das selbe identische, unerschaffene und unzerstörbare Wesen", von welchem lediglich dessen Einzelerscheinungen (Manifestationen) augenscheinlich einer Sterblichkeit unterliegen, **"das Wesen des Daseins selbst jedoch nicht!"** ∞

Ich denke unser dennoch vorhandenes Problem mit dem Tod liegt zunächst einmal darin begründet, das wir uns anders, als wahrscheinlich alle anderen Lebensformen hier auf Erden, unserer persönlichen Sterblichkeit und somit auch der Sterblichkeit anderer ab einem gewissen Zeitpunkt unseres Lebens sehr wohl bewusst werden und dementsprechend entsetzt bis erschüttert auf diesen, für uns so tragisch erscheinenden Umstand, reagieren.

Zum anderen wäre da noch meine Vermutung, das lediglich ein vergleichsweise geringer prozentualer Anteil der Weltbevölkerung überhaupt die Kenntnisse über den hier vermittelten Inhalt dieses Buches oder vergleichbarer Konzepte besitzt und sich somit **"aufgrund des Mangels an Informationen"** vor ihrem menschlichen Vergehen aus dem Leben fürchten müssen.

Allerdings muss ich auch davon ausgehen, das selbst ein Teil derer, welche meinen dieses Wissen bereits angenommen zu haben, sich nur schwer damit abfinden können, das ihre "Unsterblichkeit" nicht darin besteht, das ihr **"Menschliches Ich-Konstrukt",** woran sich ja so sehr geklammert wird, auch noch nach dem Tode ihres Leibes weiterhin fortbesteht, **"sondern das diese Art der Unsterblichkeit"** wesentlich tiefgründiger betrachtet werden muss.

Nicht du oder ich als "Einzelerscheinung Mensch" sind wir unvergänglich, sondern "die grundlegende Existenz des Dasein selbst als vollkommene Gesamtheit betrachtet"!

Ihre Erscheinungen mögen kommen, sich wandeln und wieder vergehen, das wahre Wesen hinter all den Dingen, das Dasein, bleibt jedoch unveränderlich gleich!

Für all diejenigen, welche sich damit dennoch nicht abfinden können oder wollen, sei noch gesagt, dass es eventuell zumindest ein kleines Schlupfloch gibt:

Es gibt meines Wissens nach keinerlei wissenschaftliche Theorien, welche erklären könnte, wie unser Gehirn allein auf der Grundlage "elektrochemischer Prozesse" seine enormen Leistungen vollbringen sollte. Bereits die "Speicherkapazität" des Gehirns ist mit herkömmlichen Theorien wohl kaum zu erklären.

Selbst "300 Trillionen Datenbits" an abgespeicherten Informationen, welche sich bereits bis zu unserem höheren Alter angesammelt haben, scheinen keinerlei Probleme darzustellen, wie dies jedoch überhaupt alles "biologisch-chemisch" möglich sein soll, das weiß bisher wohl niemand so genau...

Doch was ist, wenn -all die Informationen- unseres, im Verhältnis gesehen doch nur kurzzeitig andauernden Lebens, niemals tatsächlich innerhalb unsers Gehirns abgespeichert wurden, was ist, wenn es in Wahrheit so etwas wie ein "kosmisches Gedächtnis" gibt und unser Hirn lediglich als eine Art "Bindeglied" fungiert?
(Sender/Empfänger)

Könnte es nicht sein, das wir allesamt durch ein "allgemein herrschendes Informationsfeld" in das unser Hirn all die Dinge "sicher abspeichert", die wir während unserer Lebensspanne "erleben oder erlernen", mit allem anderen existierenden zugleich verbunden sind, damit das gesamte Dasein quasi aus seiner eigenen Erfahrung ununterbrochen dazulernen kann?

Dies würde nicht nur erklären, weshalb das Dasein selbst unausweichlich immer umfangreicher werden konnte, sondern auch, weshalb die Dinge, welche hervorgebracht wurden, immer komplexer werdende Strukturen aufzuweisen scheinen.

Schließlich liegt es ja wohl auch im Eigeninteresse des Daseins "komplexe Gestalten", wie die von mit Sinnen ausgestatten Lebensformen annehmen zu können, damit es zumindest innerhalb "einer Vorstellung" etwas von sich selbst "sehen, hören, schmecken, berühren und riechen" kann, um sich dadurch eventuell sogar noch ein Stück weit mehr "seiner selbst bewusst zu werden", so wie es ihm dies auch bereits schon das ein oder andere Mal innerhalb einer seiner menschlichen Manifestationen gelingen konnte. **(Philosophen, Gelehrte, Künstler, Wissenschaftler usw.)**

Seit dem vermeintlichen Urknall nimmt der Informationsgehalt der Existenz ständig zu und jedwedes Ereignis, ganz gleich welcher Art, **"ebenso wie dein und mein Leben",** fügt dem Ganzen ständig noch weitere Daten hinzu!

Kein einziger deiner Gedanken oder deiner Erinnerungen, kein bisschen deiner Liebe, aber auch kein bisschen deines Hasses, geht also demzufolge jemals "wahrhaftig" verloren, sondern lebt fort an, als ein neu dazu gewonnener Teil des "allumfassenden kosmischen Gedächtnis des Seins" weiter.

Und wer weiß, vielleicht kommt ein Teil von unserem früheren menschlichen Selbst nach unserem Tode einst doch noch irgendwann wieder zurück ins Leben, nur dieses Mal innerhalb einer anderen Gestalt verkörpert, wenn du dies überhaupt wünschen solltest.

Sogleich ich am Abend in einen tiefen
Schlaf verfalle, offenbart sich mir eine
zauberhaft anmutende facettenreiche
Welt, schier unvorstellbarer Ausmaße
und Möglichkeiten...

Endfazit

Unser gesamtes Universum und alles eventuell sogar noch darüber hinaus existierende, "entspringt einem jegliche Zeitspanne überdauernden und bereits schon immer wirksamen natürlichen Gesetz, welches garantiert, das stets ein mögliches Potential dafür besteht, das die Existenz des Daseins sich aus sich selbst heraus hervorbringen und entwickeln kann", damit das Nichts in seiner vollkommensten Form niemals die Oberhand gewinnt und das Sein selbst seinen ewigen Fortbestand hat.

Das Dasein nimmt bei dem Ganzen eine durchaus heldenhafte, aber auch schicksalshafte Rolle zugleich ein. Dadurch, dass es an sich zwar unzerstörbar, aber sein Wesen nicht zugleich auch unendlich ist und es außer seiner eigenen Existenz, überhaupt nichts Weiteres gibt, "ist es unausweichlich dazu gezwungen, sich ausschließlich mit sich selbst befassen zu müssen!"

Aus dem "mit sich selbst befassen" erfolgte schließlich "eine bis heute andauernde zu Gewinnung einer unglaublichen Menge an -Daten des Daseins selbst- über sich selbst" und eine daraus resultierende Weiterentwicklung seiner eigenen Existenz, welche innerhalb des Menschen, "zumindest auf Erden", seinen vorläufigen Höhepunkt gefunden zu haben scheint.

Du und Ich, alles was da ist, sind im Grunde "ein und das selbe vollkommen identische Wesen", welches sich lediglich aufgespalten innerhalb seiner zahlreichen "Einzelerscheinungen" (Manifestationen) aus den unterschiedlichsten Blickwinkeln/Vorstellungen seiner selbst "erfährt" und sich so sogar stellenweise seiner selbst ein Stück weit mehr bewusst werden kann.

Anders als beispielsweise ein Kater, welcher gerade erst noch instinktiv geschickt eine Fliege mit seiner Tatze aus der Luft heraus gefangen und verspeist hat, ohne dabei auch nur einen Funken Kenntnis darüber zu haben, das er somit auch einen Teil seines wahren Selbst verschlang, könnten wir Menschen die Einheit hinter all den einzelnen Erscheinungen jedoch durchaus verstehen und begreifen, wenn wir dies denn nur wollten.

Unser eigener Körper ist das einzige Objekt unter allen anderen Objekten, zu welchem wir aufgrund unserer Doppelnatur (Wir sind Subjekt und Objekt zugleich) einen direkten unmittelbaren innerlichen Zugang eingehen können, um seinem Treiben hinter dem Vorhang ein Stück weit lauschen zu können.

Wir finden dadurch heraus, das es dem Dasein anscheinend nicht allein ausreicht einfach bloß zu existieren, sondern es besitzt einen vollkommen eigenen Antrieb, "ein eigenes wollen" und dieser Wille ist es, welcher der gesamten Natur der Dinge inne herrscht, und welchen wir auch in uns allen selbst erblicken können, wenn wir unseren Blick wachsam auf unser eigenes Innenleben gerichtet halten.

Der Tod ist aufgrund des "endlichen Wesens" des Daseins ein dringend benötigtes notwendiges Übel und muss vielmehr als Initiator für einen beständigen Kreislauf des Wandels der Existenz selbst angesehen werden und nicht einfach nur als stumpfsinniger Vernichter aller Dinge.

Nur die Einzelerscheinungen des Daseins sind vergänglich, sie entstehen, vergehen und wechseln ihre Form, das grundlegendste Wesen jedoch hinter all diesen Erscheinungen bleibt unzerstörbar beständig bestehen!

Letztlich ist es eine einzige Regel,
die allem Seienden zugrunde liegt,
allerdings ist dieser Urgrund anders
als in vielen anderen Religionen nicht
als "personifizierte Göttergestalt" zu
verstehen, sondern vielmehr als ein
an sich "unbewusstes schöpferisches
Prinzip", welches sich jedoch innerhalb
seiner Erscheinungen seiner selbst
bewusst werden kann!

Weitere Bücher des Autors

Biografie:
**Mein Weg als einfacher Wachmann
hin zur Philosophie**

„Memoiren eines
produktiven Geistes..." (2021)

BEST OF COLLECTION:
-Gedankarium-
„Auserlesenes Gedankengut"
10in1 Kollektion (2022)

System / Gesellschaftskritik:

- *Du bist nicht Du, wenn du wohlerzogen bist! „Eine strikte Aufforderung dazu Du Selbst zu sein." (2022)*
- *Freigeist: Meinung frei schnauze (2021)*
- *Dystopie / Utopie: Schlimmer geht's immer, besser wird's nie! (2020)*
- *Demokratie? Eine Einführung der unterschiedlichen Herrschaftsvariationen (2021)*
- *Die 4 Säulen des Scheiterns (2019)*
- *SklavenLEBEN (2020)*
- *Eine Kritik des modernen Menschen (2020)*

- *Equilibrium: Das neue
  Gleichgewicht (2021)*

Verschwörungstheorien:

- *Was wäre gewesen wenn...?
  Weltgeschichtliche Ereignisse
  neu interpretiert (2021)*
- *Verschwörungen:
  Fiktion oder Wirklichkeit? (2020)*
- *Reset: Der Anfang einer
  Neuen Welt (2018)*

Verschwörungen für Anfänger:
1. *Die COVID-19 Diktatur (2021)*
2. *Die BRD Verschwörung (2020)*
3. *Die Rothschild & Bilderberger
   Verschwörung (2in1 Edition) (2020)*
4. *Die Rothschild Bilderberger
   Verschwörung -New Edition 2022-*

Philosophie:

Philosophie für Anfänger: Band 1-4
1. *Du bist Gott! (2020)*
2. *Die Wahrnehmung der Welt
   (2020)*
3. *Freiheit vom Leid (2020)*
4. *Die hartnäckige Illusion
   des ICH'S (2020)*

- *Verbum et Scriptura
  -Das Wort und die Schrift- (2022)*

- *Das Handbuch der Welt:*
  -New Edition (Sonderedition 2021)
- *Das Handbuch der Welt (2019)*

- *Die Datenwelt Theorie (2015)*
- *Die Datenwelt Theorie 2.0*
  (New Edition 2019)

- *Sudelbuch: Philosophische Notizen*
  mit Biss...! (2021)

- *Arthur Schopenhauer:*
  Eine "kleine" Einführung (2019)

- *Die höhere Erkenntnis:*
  -New Edition (Sonderedition 2021)
- *Die höhere Erkenntnis:*
  Ein Weg zum besseren Verständnis
  der Welt (2014)

- *Eine kurze Zusammenfassung*
  des Ganzen (2014)
- *Eine kurze Zusammenfassung des*
  Ganzen & Die höhere Erkenntnis:
  (2in1 Sonderedition 2015)

Notizen

Notizen

Notizen